同声／女声合唱のための

童謡絵巻

第3巻

岩河三郎 編曲

カワイ出版

童謡の古典ともいうべき戦前の童謡を合唱に編曲して，少しでもそのすばらしさを知って頂ければという願いが大きな共感を呼んで，この楽譜が世に出ることになりました。

　これは昨年，「童謡編曲展Ⅱ」として開催した演奏会の中からピックアップしたもので，単に原曲を三部合唱にしたというよりも，イメージをより豊かにする目的で第二テーマのようなものを作曲して盛り上げ，合唱曲としてのメリハリの面白さを出すように考えたつもりです。

　「青い眼の人形」では，ジャズのリズムに合わせて，原曲に入る前まで指を鳴らして1拍・3拍を打つのも面白いし，「嬉しい雛まつり」では，2番と4番でかわいい鈴を1拍目に入れてみるのも楽しいと思います。

　「雀の学校」では途中の発声練習の所など，先生の部分は実際にソロでやったり，いっそのこと指揮者が歌ったりするのも楽しいパフォーマンスになると思います。

　要するに私は，戦前には「童謡」という銘柄で子どもも大人もその美しさに酔える歌があったということを一人でも多くの若い人たちに知ってほしいのです。

　この曲集の出版については第1巻・第2巻ともども，カワイ出版の山澤重雄，川元啓司両氏にいろいろお手数をおかけしました。ここに深く感謝の意を表します。

1988年3月

岩 河 三 郎

皆様へのお願い

楽譜や歌詞・音楽書などの出版物を権利者に無断で複製（コピー）することは，著作権の侵害（私的利用など特別な場合を除く）にあたり，著作権法により罰せられます。また，出版物からの不法なコピーが行われますと，出版社は正常な出版活動が困難となり，ついには皆様方が必要とされるものも出版できなくなります。
音楽出版社と日本音楽著作権協会（JASRAC）は，著作者の権利を守り，なおいっそう優れた作品の出版普及に全力をあげて努力してまいります。どうか不法コピーの防止に，皆様方のご協力をお願い申しあげます。

カワイ出版
一般社団法人　日本音楽著作権協会

本書よりの転載は固くお断りします。

童謡絵巻　第3巻

《お人形のうた》

青い眼の人形 ……………野口雨情 詩／本居長世 曲……（約3′40″）…… 4

嬉しい雛まつり ………山野三郎 詩／河村光陽 曲……（約3′30″）…… 12

《生きもののうた》

どんぐりころころ………青木存義 詩／梁田　貞 曲……（約3′45″）…… 21

浜千鳥………………鹿島鳴秋 詩／弘田龍太郎 曲……（約5′00″）…… 30

雀の学校……………清水かつら 詩／弘田龍太郎 曲……（約3′00″）…… 39

《春を待つうた》

春を待つ二つのうた ………………………………………（約5′00″）…… 48

　【春よ来い】　　相馬御風 詩／弘田龍太郎 曲
　【どこかで春が】　百田宗治 詩／草川　信 曲

詩 ……………………………………………………………………… 59

● 初演：新座少年少女合唱団
　　　昭和62年6月6日・中央会館
　　　指　揮／岩河三郎
　　　ピアノ／肥田野清美
　　　合唱指導／望月秀夫

出版情報＆ショッピング　カワイ出版ONLINE　https://editionkawai.jp

青い眼の人形

野口雨情 作詩
本居長世 作曲
岩河三郎 編曲

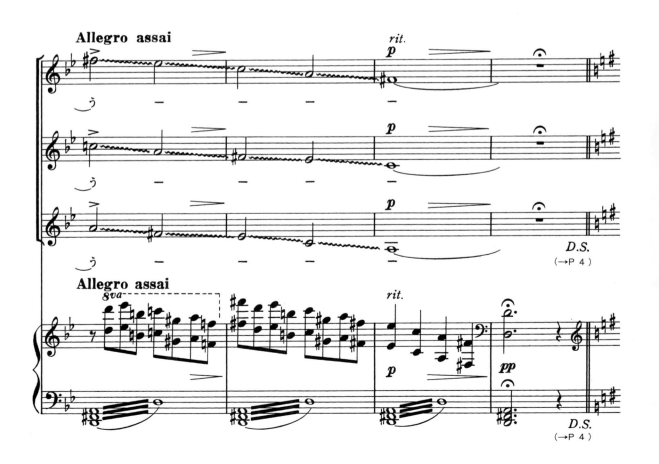

嬉しい雛まつり

山野三郎　作詩
河村光陽　作曲
岩河三郎　編曲

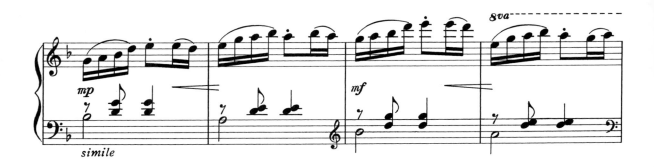

16

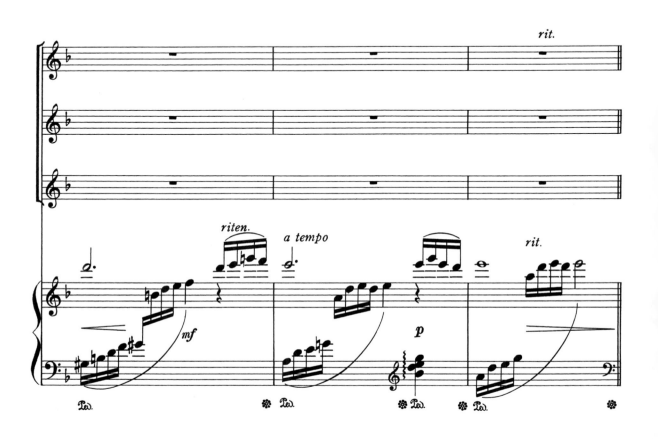

浜千鳥

鹿島鳴秋 作詩
弘田龍太郎 作曲
岩河三郎 編曲

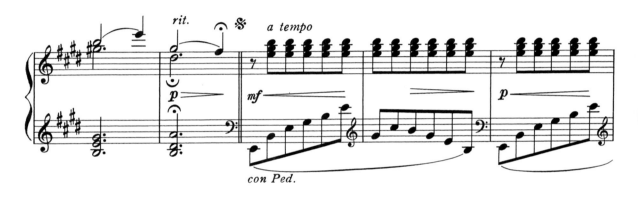
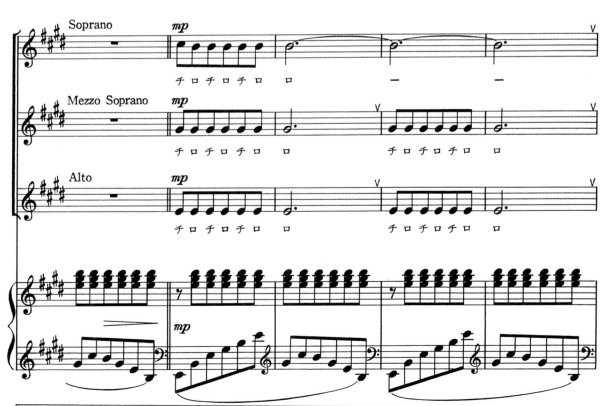

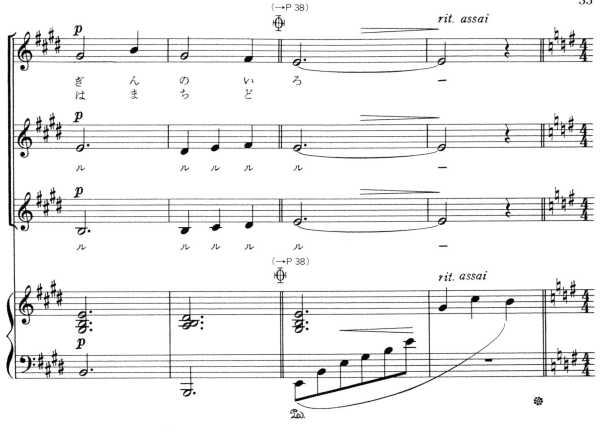

37

雀の学校

清水かつら 作詩
弘田龍太郎 作曲
岩河三郎 編曲

40

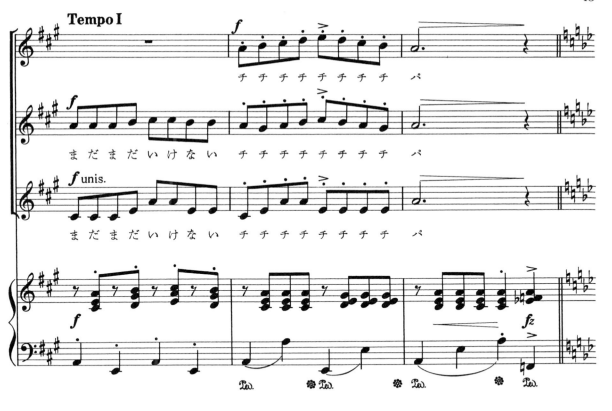

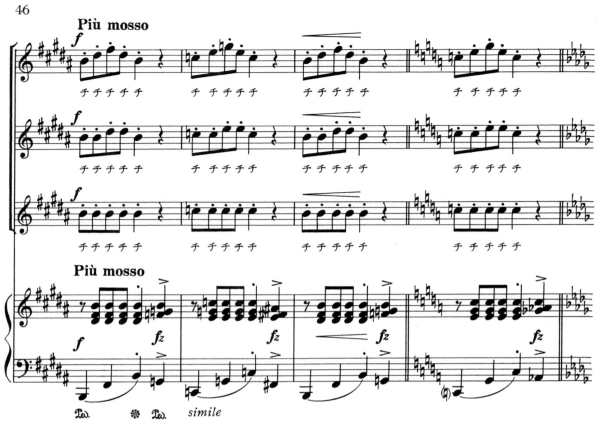

Meno mosso (Allegro)

【春よ来い】 相馬御風 作詩　弘田龍太郎 作曲

【どこかで春が】 百田宗治 作詩　草川　信 作曲

57

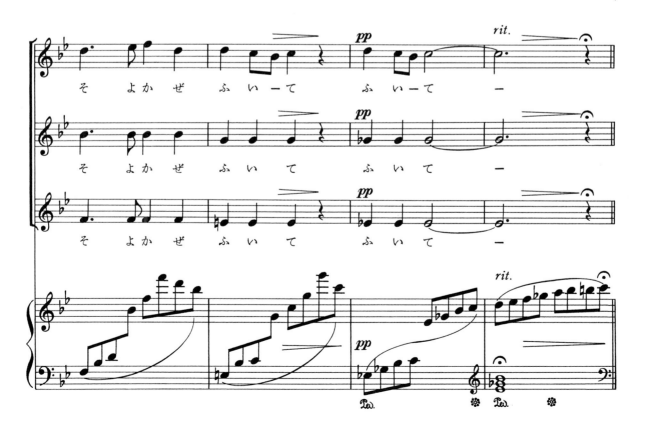

歌　詩

青い眼の人形

野口雨情

青い眼をした
お人形は
アメリカ生れの
セルロイド

日本の港へ
ついたとき
一杯涙を
うかべてた

「わたしは言葉が
わからない
迷い子になったら
なんとしょう」

やさしい日本の
嬢ちゃんよ
仲よく遊んで
やっとくれ

嬉しい雛まつり

山野三郎（サトウ・ハチロー）

燈火を點けましょ　ぼんぼりに
お花を上げましょ　桃の花
五人囃子の　笛　太鼓
今日は楽しい　雛まつり

お内裏さまと　お雛さま
二人ならんで　すまし顔
お嫁にいらした　姉さまに
よく似た官女の　白い顔

金の屏風に　映る灯を
かすかにゆする　春の風
すこし白酒　召されたか
赤いお顔の　右大臣

着物を着かえて　帯しめて
今日は私も　晴姿
春の弥生の　このよき日
何より嬉しい　雛まつり

どんぐりころころ

あおきながよし
青木存義

どんぐりころころ　ドンブリコ
お池にはまって　さあ大変
どじょうが出て来て　今日は
坊ちゃん一緒に　遊びましょう

どんぐりころころ　よろこんで
しばらく一緒に　遊んだが
やっぱりお山が　恋しいと
泣いてはどじょうを　困らせた

＊曲中の3番にあたる歌詩は原詩にはない。

浜千鳥

かしまめいしゅう
鹿島鳴秋

青い月夜の　浜辺には、
親を探して　鳴く鳥が、
波の国から　生まれでる。
濡たつばさの　銀の色。

夜鳴く鳥の　悲しさは、
親を尋ねて　海こえて、
月夜の国へ　消えてゆく。
銀のつばさの　浜千鳥。

雀の学校

清水かつら

ちいちいぱっぱ　ちいぱっぱ
雀の学校の　先生は
むちを振り振り　ちいぱっぱ

生徒の雀は　輪になって
お口をそろえて　ちいぱっぱ
まだまだいけない　ちいぱっぱ
も一度一緒に　ちいぱっぱ
ちいちいぱっぱ　ちいぱっぱ

春よ来い

相馬御風

春よ来い　早く来い
あるきはじめた　みいちゃんが
赤い鼻緒の　じょじょはいて
おんもへ出たいと　待っている

春よ来い　早く来い
おうちのまえの　桃の木の
蕾もみんな　ふくらんで
はよ咲きたいと　待っている

どこかで春が

百田宗治

どこかで「春」が
生れてる、
どこかで水が
ながれ出す。

どこかで雲雀が
啼いている、
どこかで芽の出る
音がする。

山の三月
＊東風吹いて
どこかで「春」が
うまれてる。

　　＊曲中では「そよかぜ吹いて」とした。

《収録された童謡について》

　この3冊に収められた童謡は主として大正中期から昭和初期にかけての，いわゆる「創作童謡」です。伝承歌謡である「わらべうた」や教育を目的とした「唱歌」とは異なり，雑誌「赤い鳥」の創刊を起点とする文学運動の中から生まれてきたものです。詩人・作曲家，ともに一流の作家が参加した，日本における芸術歌曲の草分けであったわけです。この流れは戦後にも受けつがれ，現代の作家による創作童謡もまた大きな評価を受けているのは御承知のとおりです。

　下表の"歌い出し"を御覧下さい。誰もが一度は口にした，あるいは耳にしたことのある歌ばかりではないでしょうか。発表以来数十年を経てなお歌われ続ける名歌中の名歌です。時代は変ってもお歌の心は永遠に生きているのです。大人も子供も一緒に歌えるこれらの童謡こそが私たちの心の故郷に違いありません。

〔第1巻〕

曲　名	作詩者	作曲者	詩の発表年月	歌い出し
靴が鳴る	清水かつら	弘田龍太郎	大正 8年11月	お手つないで 野道を行けば
しゃぼん玉	野口雨情	中山晋平	大正11年11月	しゃぼん玉、とんだ。屋根までとんだ。
鞠と殿さま	西條八十	中山晋平	昭和 4年 1月	てんてん手鞠 てん手鞠
赤い靴	野口雨情	本居長世	大正10年12月	赤い靴 はいてた 女の子
花嫁人形	蕗谷虹児	杉山長谷夫	大正12年	きんらんどんすの 帯しめながら
十五夜お月さん	野口雨情	本居長世	大正 9年 9月	十五夜お月さん 御機嫌さん
月の沙漠	加藤まさを	佐々木すぐる	大正12年 3月	月の沙漠を、はるばると
証城寺の狸囃子	野口雨情	中山晋平	大13・12／14・1改作	証、証、証城寺 証城寺の庭は

〔第2巻〕

曲　名	作詩者	作曲者	詩の発表年月	歌い出し
肩たたき	西條八十	中山晋平	大正12年 5月	母さん お肩をたたきましょう
七つの子	野口雨情	本居長世	大正10年 7月	烏 なぜ啼くの 烏は山に
揺籃のうた	北原白秋	草川 信	大正10年 8月	揺籃のうたを、カナリヤが歌う、よ。
雨	北原白秋	弘田龍太郎	大正 7年 9月	雨がふります。雨がふる。
アメフリ	北原白秋	中山晋平	大正14年11月	アメアメ フレフレ、カアサン ガ
てるてる坊主	浅原鏡村	中山晋平	大正10年 6月	てるてる坊主 てる坊主
雨降りお月さん	野口雨情	中山晋平	大正14年 3月	雨降りお月さん 雲の蔭
汽車	（文部省唱歌）	大和田愛羅	明治44年 3月	今は山中、今は浜、今は鉄橋渡るぞと
汽車ポッポ	富原 薫	草川 信	昭14・8／20・12改作	汽車 汽車 ポッポ ポッポ
汽車ぽっぽ	本居長世	本居長世	昭和 2年 5月	お山の中行く 汽車ぽっぽ

〔第3巻〕

曲　名	作詩者	作曲者	詩の発表年月	歌い出し
青い眼の人形	野口雨情	本居長世	大正10年12月	青い眼をした お人形は
嬉しい雛まつり	山野三郎	河村光陽	昭和10年	燈火を點けましょ ぼんぼりに
どんぐりころころ	青木存義	梁田 貞	大正10年10月	どんぐりころころ ドンブリコ
浜千鳥	鹿島鳴秋	弘田龍太郎	大正 8年	青い月夜の 浜辺には、
雀の学校	清水かつら	弘田龍太郎	大正10年12月	ちいちいぱっぱ ちいぱっぱ
春よ来い	相馬御風	弘田龍太郎	大正12年 4月	春よ来い 早く来い
どこかで春が	百田宗治	草川 信	大正12年 3月	どこかで「春」が 生れてる、

同声／女声合唱のための **童謡絵巻 第3巻** 岩河三郎 編曲

●発行所＝カワイ出版（株式会社 全音楽譜出版社 カワイ出版部）
〒161-0034 東京都新宿区上落合 2-13-3　TEL 03-3227-6286 ／ FAX 03-3227-6296
出版情報 https://editionkawai.jp

●表紙＝やなせたかし　●楽譜浄書＝むさしの楽譜工房　●印刷・製本＝平河工業社

© 1988 by edition KAWAI, Tokyo, Japan.　　日本音楽著作権協会（出）許諾 8702030-437 号
●楽譜・音楽書等出版物を複写・複製することは法律により禁じられております。
落丁・乱丁本はお取り替え致します。　　　　　　　　　　　　　　　1988 年 4 月 1 日　第 1 刷発行
本書のデザインや仕様は予告なく変更される場合がございます。　　2024 年 8 月 1 日　第 37 刷発行
ISBN978-4-7609-2726-5